उड़ान

मेरी पहचान

रश्मि सुराना

BookLeaf Publishing
India | USA | UK

Made with ❤ on the BookLeaf Publishing Platform
www.bookleafpub.in
www.bookleafpub.com

Dedication

ऊँ भिक्षु जय तुलसी

भिक्षु स्वामी अंतर्यामी, मेरी आस्था के केंद्र, जो बसे मेरे रग रग में, जिनके नाम सुमिरन से ही निर्विघ्न संपन्न होता हर कार्य को मेरा शत-शत वंदन

अपनी यह पुस्तक मैं अपने नाती दैवित को समर्पित करती हूँ , जो मेरे जीवन और आत्मा में प्रकाश की दिव्य किरण हैं, मेरे प्रेम का केन्द्र। उसकी मौजूदगी ने मेरे हृदय को उजाला दिया और मेरी रचनात्मक यात्रा को अर्थ और दिशा प्रदान की।

ऊँ अर्हम

Preface

ऊँ भिक्षु जय तुलसी

महाप्रज्ञोस्तु नमः

आज की इस भागती दौड़ती तनावयुक्त जिंदगी में हम छोटी - छोटी बातों से मायूस हो जाते हैं। यह मायूसियत हमें जीवन से दूर ले जाती है और हम जीवन में हारने लगते हैं। जीवन में सब कुछ ठहरा हुआ सा लगता है। दूसरी तरफ एक छोटी सी बात भी कभी - कभी हमारे दिल को छू जाती है और हमारे जीवन में एक सजीवता आ जाती है। हमारी आर्केस्ट्रा रुपी जीवन में फिर से सिंफनी लौट आती है। हमारी दिशा और दशा दोनों बदल जाती है। हम फिर सफल जीवन की तरफ कदम आगे बढ़ा पाते हैं।

मेरी भी यह एक छोटी सी कोशिश है कि मेरी लेखनी से बहते शब्द आपके जीवन में वही सजीवता ला पाए। आप सभी से अपनी रचनाओं के माध्यम से जुड़ना ही मेरी साधना और मेरा अनुराग है। मेरा व्यक्तित्व एसा है, जो तर्क से नहीं अपितु अंतः चेतना और हृदय की दिव्य प्रेरणा से मार्गदर्शित है। मेरी रचनायें किसी प्रयास से नहीं बल्कि हृदय की गहन अनुभूतियों से स्वतः प्रवाहित होती है। ये आपके जीवन में सकारात्मक परिवर्तन लाने में सहायक बन सके और आपको अनुप्राणित कर सके तो मेरा लिखना सार्थक है। मैं दिल से सोचती हूं, दिल से लिखती, सभी से दिल से ही जुड़ती हूं। मेरी रचनाएं अगर आप के दिल को छू पाये तो मुझे भी दिल से खुशी मिलेगी।

समग्र ब्रह्मांड की चेतन अनुकंपा एवं अपने परम् वंदनीय सद्गुरु

आचार्य श्री महाप्रज्ञ जी की आलोकिक कृपा से मैं कल्पनातीत रूप से कृतार्थ एवं अनुग्रहीत हूं। आप सभी के लिए भी मैं यही आशा रखती हूं।

मेरी लेखनी आपके लिए एक नया संसार खोल दे और आपके जीवन को खुशियों एवं सफलता के गगन में एक नई उड़ान दे सके, यह मैं आप सभी के लिए एवं आपके अपनों के लिए चाहती हूं।

ऊँ अर्हम्

Acknowledgements

भिक्षु स्वामी अंतर्यामी, मेरी आस्था के केंद्र, जो बसे मेरे रग रग में, जिनके नाम सुमिरन से ही निर्विघ्न संपन्न होता हर कार्य को मेरा शत-शत शतः वंदन

गुरूदेव आचार्य श्री महाप्रज्ञ जी के अनंत आशीर्वाद से कृतार्थ हूँ। उनके प्रति मेरी पूर्ण समर्पण भावना ही मेरी आंतरिक ऊर्जा का मूल स्रोत है।

साध्वी श्री समता प्रज्ञा जी के प्रति मेरा हृदय गहन कृतज्ञता से परिपूर्ण है, जिनका सान्निध्य मेरे जीवन के सफलता-पथ का दिव्य मार्गदर्शन बना। उनकी कृपा से मैंने अपने आत्मस्वरूप को जाना, और उसी आत्मबोध ने मुझे आत्मविश्वास प्रदान कर, समस्त भय और संशयों को पार करने की शक्ति दी।

आत्मन् मैम के प्रति अंतःकरण से अनंत कृतज्ञता अर्पित करती हूँ। अपने जीवन की जीवंत साधना द्वारा उन्होंने मुझे यह बोध कराया कि मनुष्य स्वयं ही अपने जीवन का निर्देशक, सृजनकर्ता और स्वामी है। जब मेरे अस्तित्व में आशा की ज्योति क्षीण होने लगी, तब उन्होंने मुझे प्रकाश की वह दिव्य राह दिखाई जहाँ मैंने , अतीत की छायाओं और भविष्य की आशंकाओं से परे क्षण में जीना सीखा। उनके सान्निध्य ने मुझे आत्मबोध दिया, स्वयं पर अटूट विश्वास जगाया और जीवन को अर्थ, दिशा और आलोक प्रदान किया।

अपने मेंटर और जीवन-दर्शन के मार्गदर्शक अमित जी जैन के प्रति अंतःकरण से अनंत कृतज्ञता अर्पित करती हूँ। उन्होंने मुझे यह बोध

कराया कि स्वतंत्रता की उड़ान और आत्म-अभिव्यक्ति की सहजता रखते हुए भी, जब कर्म एक सुव्यवस्थित, अनुशासित और परिपूर्ण ढाँचे में प्रवाहित होता है,
तो सफलता स्वयं मार्ग बनाकर हमारे चरणों तक आती है। यहाँ तक कि सही स्थान पर रखा गया एक सूक्ष्म विराम भी अपना विशेष अर्थ रखता है। उन्होंने मुझे यह भी सिखाया कि निष्काम भाव से कर्म करना, बिना अपेक्षा के देना, और जो प्राप्त हो उसे सहज स्वीकार करना ही जीवन की सच्ची साधना का सार है।

मेरे माँ पुष्पा देवी एवं पिताजी रिखब चन्दजी के प्रति आभार प्रकट करने हेतु शब्द भी अपर्याप्त प्रतीत होते हैं। मेरा अस्तित्व उन्हीं की देन है, और उनके संस्कारों ने ही मेरे व्यक्तित्व को आकार दिया है। उनकी यह शिक्षा कि प्रत्येक क्षण अमूल्य है और जीवन में कभी हार नहीं माननी चाहिए, मेरी जीवन-यात्रा का मूल मंत्र बन गई। जीवन तभी सार्थक है, जब हम सतत सीखते हुए निरंतर आगे बढ़ते रहें।

मेरे जीवनसाथी अभय मेरी शक्ति, मेरा संबल और मेरी सफलता की आधारशिला हैं। उनका यह अटूट विश्वास , कि "तुम आगे बढ़ो, मैं तुम्हारे साथ हूँ", मेरे जीवन में नव-प्रभात लेकर आया।
उन्होंने मुझे स्वप्न देखने के लिए नहीं, उन्हें साकार करने के लिए पूरा आकाश प्रदान किया।

मेरी दोनों पुत्रियों रवीना और यश्वी के प्रति हृदय से आभार, और मेरे हृदय के अत्यंत निकट आलोक, शीतल, आदित्य और अनुज के प्रति भी असीम कृतज्ञता व्यक्त करती हूँ। इन सभी ने मेरी प्रत्येक कोशिश, प्रत्येक स्वप्न और प्रत्येक लक्ष्य में मुझे निस्वार्थ समर्थन और अटूट विश्वास दिया। इनका साथ ही मेरी शक्ति है, इनका प्रेम ही मेरी प्रेरणा,

और मेरी हर उपलब्धि इन सभी को समर्पित है।

मेरै दामाद जैनेंद्र के प्रति हृदय से विशेष आभार। मेरी कविताएँ जो अब तक बिखरी हुई अनुभूतियाँ थीं, उन्हें एक स्वरूप देने और पुस्तक के रूप में प्रकाशित करने की प्रेरणा मुझे उन्हीं से मिली।
उन्होंने न केवल मुझे यह विश्वास दिलाया कि मेरी रचनाएँ साझा की जानी चाहिए, बल्कि हर कदम पर एक सशक्त सहारा बनकर मेरा मार्गदर्शन और उत्साहवर्धन किया।
वे मेरे लिए एक महान समर्थन स्तंभ हैं, और इस रचनात्मक यात्रा में उनका योगदान अमूल्य है।

अंततः, किंतु सर्वोपरि, मेरे समस्त प्रियजनों और शुभचिंतकों के प्रति मेरा हृदय अनंत कृतज्ञता से नतमस्तक है। आपके प्रेम, आशीर्वाद और उत्साहवर्धन से ही
मेरी लेखनी को स्वर मिला, मेरे भावों को अभिव्यक्ति मिली और मेरे शब्दों को पंख प्राप्त हुए।आपका स्नेह ही मेरी रचनात्मक ऊर्जा है, आपकी शुभकामनाएँ ही मेरी साधना, और मेरी प्रत्येक उपलब्धि आप सभी को समर्पित है।

1. नमस्कार महामंत्र

अपनाओ नवकार मंत्र,
यह है जीवन का तंत्र,
भवो भवो के बन्धनों से
छूटने का सार है,
जो चीर पत्थरों को दे,
वो बहती एक धार है,
है शांति का संदेश,
प्रेम का ये पाठ है,
पूण्य की ये खान है,
पापों से निर्जरा पाने की राह है,
पाप रोकने की ढाल है
नित्य करो इस का स्मरण,
उससे
टूटते हैं सारे भ्रम,
अंदर का होता शोधन,
अंतर्दृष्टि का होता जागरण,
ब्रह्मांड की शुभ शक्तियों से होता संपर्क,
पराये रंग जो करते रूह को कुछ यूं तासीर,
मन सायों के स्पर्श से जो होता तिरोहित,
संस्कार कुछ धूमिल से होते

आकर्षणों के करीब हो जाते
मानो उसी में विलीन हो जाते,
कुछ पलों को भूलभुलैया में गाफिल,
अचेत हो जाते,
तभी नवकार से मिलता विघ्न बाधाओं का निवारण,
माहमंत्र
अंतरात्मा को झकझोर देता है,
जागृति का द्वार खोल देता है,
शक्ति अपरिमित है इसकी
अनंत ऊर्जा है,
दीप्ति से दैदीप्यमान है
दिव्य असीम का अंश है
आभास यह होता है,
सर्व शक्तिमान है
अंतर का संस्कार है,
यथार्थ है,
जीवन का सार है
महामंत्र की रश्मियों से स्वयं को कर ज्योतिर्मय,
ओजस्वी राह यही,
तन मन में होते अद्भुत परिवर्तन,
यूं होता हमारा परिष्करण,
आत्मा के स्वरूप पर पड़े हटते आवरण,
जीवन में आती मर्यादा एवं संयम,
यूं जीवन बन जाता हमारा सजग, सहज, सरल, सशक्त समृद्ध संपन्न ||

2. महिला सशक्तिकरण

अबला, बेजार कमजोर, शोषित, हताश
यह अक्स तेरा, बीते कल की बातें हैं,
यह सोच,
ना टूट ना बिखर तू,
कर जिंदगी का नया आगाज तू,
तेरी अपनी मुख्तलिफ पहचान है,
मुख़्तसर सा गुरूर रख थोड़ा अपने लिए,
नहीं तो जमाना,
पीठ का पायदान बना देगा, तोड़ जीर्ण शीर्ण परिभाषाएं अपनी,
बना अपनी परिभाषा नवीन,
सृजन कर, निर्माण कर, बह धारा प्रवाह तू,
मुश्किलों के शहर में भी, स्वयं तय कर क्या है मंजिल तेरी,
बन मजबूत,
कर सफर का इरादा तू,
खुद से कर वादा तू,
नाउम्मीदियों को कर दरकिनार,
बदल दे हवाओं का रुख तू, तेरी कोशिशेँ तभी कामयाब होगी,
जब उन्हें पाने की जिद्द में आग होगी,
हार न तू कभी किसी से, तुझे रोक सके ऐसा किसी में साहस नहीं,
जीने का फलसफा यही बना ले तू,

अपना मंजर स्वयं तुझे बदलना है,
अपना सशक्तिकरण तुझे स्वयं ही करना है,
इतिहास के पन्ने फिर न दोहराना कभी,
उठा ले शस्त्र द्रौपदी,
कृष्ण को अब न बुलाना है,
कृष्ण को अब न बुलाना है!

3. मोहब्बत

अब मंजिल कि नहीं है परवाह मुझे,
रास्तों से प्यार करने लगी हूँ मैं,
इस जीवन सफर का मज़ा लेने लगी हूं मैं,
हवाओं संग बहने लगी हूँ मैं, हर मोड़ से इश्क सा होने लगा है,
पतझड़ के मोड़ आए भी तो,
मन रंगीन चनारों सा रहता है,
क्योंकि,
मालूम है मुझे हर वक्त बदलता है,
स्वप्रेम में रंगी रहती हूं मैं, दिन बीतते अब निष्फिक्री से,
हर पल इस पल में चैन से रहने लगी हूं मैं,
यूँ निभाती हूं अपना हर कर्तव्य प्यार से,
पर रहती हूं मैं अब मुझमें, दिखने लगा है प्यार से अपना ही अक्स
मुझे,
न फिक्र मुझे अब कल की, अब जो है,
उसी में जीने लगी हूं मैं,
खुद से मोहब्बत करने लगी हूं मैं,
खुद से मोहब्बत करने लगी हूं मैं!

4. आशाओं की रश्मियां

मायूसी के घनघोर अंधकार हो छाए,
प्रकाश की किरण एक भी न नजर आए,
घिरा तूफानों में अकेला भी है अगर तू,
न टूट तू,
न बिखर तू,
थाम पतवार अपने हाथ तू,
मुश्किलें क्यों छाए तुझ पर,
मुश्किलों पर छा तू,
गम, चुभन, दर्द के पतझड़ को कर दर किनार,
सावन खुशियों का फिर ललाहेगा,
निराशा के बादल आज चाहे हो कितने भी गहरे,
आशाओं के सूरज की रश्मियों को कहां कोई रोक पाएगा,
कर अपने अंतर भावों को प्रज्वलित,
इस मन के वीराने में,
रूह से रोशनी की जगह बना ले,
मुक्ति दाहिनी अपनी राह बना ले,
जीने की चाह जगा ले,
बन कृष्ण अपना,
बन कृष्ण अपना,
कर नयी जिंदगी का आगाज़ तू,

नैनों में फिर ख्वाब सजा तू,
तिमिर मैं चिराग ज्यूं,
आशाओं के दीप जला तू,
थाम मशाल विश्वास की,
अन्तर ऊर्जा का कर उजाला,
रख विश्वास तू,
सब कर पाएगा,
रख विश्वास तू,
सब कर पाएगा,
खुल जाएंगे खुशियों के द्वार नये,
स्वस्थ, शांत, समाधि पूर्ण जीवन का होगा फिर आगाज़ नया,
यह जीवन फिर मुस्काएगा,
यह जीवन फिर मुस्काएगा !

5. प्रेरणा

भगवन् महावीर की वाणी से,
मैंने जो प्रेरणा है पायी
सारांश है यह उसका,
खोई सी लगती थी,
मैं मेरे ही अंतस में,
कौन हूं मैं?
क्या मेरी पहचान है?
सवालों का बवंडर था उठा,
उत्तर कुछ मुझे यूं समझ आये,
अंतरिक्ष में भी जिक्र है मानस का,
फिर क्यों खोजते हैं हम हमीं को इस लोक में,
हमारे अंतःकरण में ही छुपा है,
ज्ञान, शक्ति, आनंद का समंदर कहीं,
त्र्यंबक की दृष्टि हैं हम,
हम में ही विभु विश्वास्वरूप है बसा,
हम ही तो कण है स्वयं भू अज का,
अन्तर के उर का तेजस हैं हम,
काला सफेद रंग हमीं को है चुनना,
चतुरंग की विसात बिछानी भी हमको ही है,
नियम भी हमारे,

विधान भी हमें ही है बनाना,
आईना है हम अपना,
सुप्त भी हम, जागृत भी हमीं हैं,
विषाद प्रमाद भी हमारे, उमंग उत्साह भी,
कशमकश भी हमारी, विश्वास भी हमारा,
बेबसी भी हमारी, उजरत भी,
मौन भी हम, गूंज भी हमारी,
मनमानी भी हमारी, कामयाबी भी,
हमारी कहानी सही पहचान अपनी तभी पाएगी,
जब विजय हम स्वयं पर पाएंगे,
तोड़ सारे बन्धन,
करेंगे हम अपना आत्म साक्षात्कार ,
विलीन जब सब कर्म हो जाएंगे,
मोक्षगामी बन,
भव सागर तर जाएंगे
हम भव सागर तर जाएंगे।

6. पहचान

नारी तुम श्रद्धा हो,
नारी तुम हर युग में श्रद्धा हो,
युग युगांतर से निरंतर, अविरल,
पवन वेग सी बढ़ चली हो,
सीता मीरा राधा शबरी बन,
धरती पर छाई हो,
कल्पना चावला सी भर उड़ान,
पहुंच व्योम में,
नभ की ऊंचाई नाप चुकी हो,
सागर सी गहराई तुम में,
ओजस्विनी रूप में,
जौहर में जल चुकी हो,
अपने सतित्व से नगर द्वार खोल चुकी हो,
रानी राशमोनी, कभी अहिल्या बाई सी,
क्रांति की बनी नयी लहर तुम,
ममतामयी यशोदा सी,
सिंधुताई सा आंचल तेरा,
जन्मदात्री जननी भी तुम ही हो,
महावीर, बुद्ध, राम, कलाम की, बन निरजा किया सामना आतंक का,
ना डरी तुम, न झुकी तुम,

रानी लक्ष्मीबाई की हुंकार तुम,
हर युग में करने पापियों का संहार,
निर्भयता से प्रचंड रूप भी धर चुकी हो,
चंदन बाला सा तप संयम तुम ही हो
साध्वी प्रमुखा श्री कनकप्रभा जी सी,
अभय दर्ढ़, प्रेम, निर्मलता,
निश्छलता, पवित्रता, गुरु समर्पण की सहस्र रश्मियां तेरे कण-कण में,

पीयूष स्रोत सी बहती तुम,
है इतिहास गवाह,
ना अबला तुम,
ना कायर तुम,
क्यों तुम यह भूल चुकी हो, पहचान स्वयं को,
जान स्वयं को,
हो जागरूक तुम,
हर रूप में ज्योतिपुंज समर्पिता हो,
तुम तुम हो,
तुमसा कोई और नहीं,
स्वयं पर विश्वास तुम्हें जगाना है
अपनी मुख्तलिफ शख्सियत बनानी है ,
अपनी अनूठी नई सफल पहचान स्वयं तुम्हें बनानी है
अपनी अनुठी नई सफल पहचान तुम्हें बनानी है!

7. खुशियों का फलसफा

आप से साझा करती हूं एक कहानी,
आज फिर डिलीवरी बॉय,
बेचैनी से पैसों का गेट पर खड़ा इंतजार करता रह गया,
मैं बस बेचैनी से कर रही हूं कोशिश,
खोजने अपनी अलमारी की चाबी,
अब तो आलम यह है,
नाक के ऊपर बड़ी शान से इतर रहा होता है,
मैं छान रही हूं घर का कोना कोना,
कहां रख दिया मैंने अपना चश्मा,
कहलाती हूं मैं जायकों की रानी,
सधे हाथों से डालती थी,
बिन नाप तोल के मसाले,
फिर भी हर जायेकों का स्वाद खिल कर बोलता था,
पर अब चखना पड़ता है,
कई बार,
कि कहीं कोई मसाला डालना भूल तो नहीं गई मैं,
कभी किसी कमरे में चली जाती हूं,
कभी अलमारी तो कभी फ्रिज खोल खड़ी हो जाती हूं,
फिर कोशिश करती हूं,
याद करने कि मैं यहां क्यों आई थी,

क्या काम था,
या फिर किस से कुछ कहना था शायद,
पर कुछ याद ही नहीं कर पाती हूं,
कभी-कभी किसी महफ़िल में,
जब कोई मिल जाता है,
दुआ सलाम भी हो जाती है,
दुनिया भर के नाम याद आ जाते हैं,
पर जिससे मिल रही हूं,
उसका भूल जाती हूं,
यह तो याद रहता है कि मैं इसे मिली थी,
चेहरा जाना पहचाना सा लगता है,
पर कब कहां मिली थी यह भूल जाती हूं,
क्या यह बातें आपको भी करती है परेशान,
ना हो निराश या हैरान,
यह घर-घर की कहानी है,
भूल भी गए कुछ तो क्या फर्क पड़ता है,
जितना याद रहा उतना ही अच्छा है,
राज की एक बात बताऊं,
यही तो अलमस्त जिंदगी जीने का फलसफा है,
यही तो अलमस्त जिंदगी जीने का फलसफा है!

8. अपने

चलो ना कुछ पल अपने संग,
और कुछ पल अपनों के संग बिताते हैं,
वहीं से कुछ खुशियां चुरा लेते हैं,
पैसा तो बहुत कमाया,
अब कुछ अपनों का प्यार कमाते हैं,
भाग दौड़ तो बहुत कर ली,
कुछ क्षण फुर्सत के निकलते हैं,
वहीं से कुछ खुशियां चुरा लाते हैं,
चलो ना कुछ पल अपने संग और कुछ पल अपनों के संग बिताते हैं,
जीवन में नाकामयाबी को कामयाबी में बहुत बदल लिया,
कुछ कामयाबी अब रिश्तों को निभाने में पाते हैं,
चलो ना कुछ पल अपने संग,
और कुछ पल अपनों के संग बिताते हैं,
सुख-दुख तो जीवन में आते जाते हैं,
कुछ सुख-दुख अपनों के बांट लेते हैं,
अपना ईगो हार अपनों में,
अपने अपनों को अपने प्यार से बांध लेते हैं,
चलो ना कुछ पल अपने संग और कुछ पल अपनों के संग बिताते हैं,
वहीं से कुछ खुशियां चुरा लेते हैं
वहीं से कुछ खुशियां चुरा लेते हैं!

9. आईना

आईना हैं हम अपना,
सुप्त हम जागृत भी हमीं हैं,
विषाद प्रमाद हमारे,
उत्साह उमंग भी,
कशमकश हमारी,
विश्वास भी हमारा,
बेबसी हमारी उजरत भी,
मौन हमीं हैं,
गूंज भी हमारी,
मनमानी हमारी,
व्यवस्थित भी हमीं हैं,
विफलताएं हमारी सफलताएं भी,
लापरवाह हमीं हैं, जिम्मेदार भी,
अनुशासनहीनता या अनुशासित,
हमीं ही को तय करना है,
नफरत भी प्यार भी हमारा,
अकेले चलना है या काफिले को लिए,
अंधेरे में गुम हो जाना है,
मशाल बनना है,
तय हमीं को करना है,

हमारी कहानी अपनी सही पहचान तभी पाएगी,
विजय जब हम स्वयं पर कर पाएंगे , जब हम अपने बंधन सारे तोड़ पाएंगे,
करेंगे तब हम अपना आत्म साक्षात्कार,
विलीन जब सब कर्म हो जाएंगे, मोक्षगामी बन भवसागर तर जाएंगे,
और हम भी कभी महावीर कहलाएंगे,
और हम भी कभी महावीर कहलाएंगे...

10. लक्ष्य

दे कल्पनाओं को अपनी नई उड़ान तू,
लक्ष्य तेरा स्पष्ट बन जाएगा,
खोल दे मन के नए द्वार को,
जोड़ ले स्वयं को सकारात्मक के संकल्पों से,
पथ है प्रशस्त तेरा,
रुक ना थम ना,
स्वस्थ तन मन और भाव से,
पाएगा तू बौद्धिक विकास,
कार्य कौशल बढ़ जाएगा,
कदम कदम विश्वास से बढ़ता चला चल तू,
तब सफलता की मंजिल पर पहुंचने से रोक न तुमको कोई
पाएगा, विश्वास कर स्वयं पर,
झंकार दे नये संकल्पों के विचारों के तार को,
स्वयं बन आत्मबल की मशाल तू, उस आंच में बाधा विपत्तियां मोम
सी पिघल जाएगी,
तेरे रास्ते सरल सुगम होते जाएंगे,
सोच को कर इतना प्रशस्त
अवचेतन मन से जुड़ जाएगा,
तू चल एक कदम विश्वास से निर्भीक हो,
ब्रह्मांड तेरे 20 कदम और आगे चलने का रास्ता स्वयं बनाएगा,

अब भी तू क्या सोचता ही रह जाएगा,
बन अपनी प्रेरणा,
ले निर्णय,
जाग उठ और बढ़ चल,
और जान अनजान को,
हो रूबरू नये कथानक, नई अनुभूतियों से,
नीरसता का अंत स्थगन हो जाएगा, इतिहास के पन्नों पर,
अपनी सफलता की नई सुनहरी कहानी,
फिर तू लिख पाएगा,
फिर तू लिख पाएगा!

11. कहानी दिल की

दो अलग तहजीब के ख्यालों का किस्सा है,
सहचर हुआ करते थे कभी,
अब नहीं है,
अलग-अलग थी राहें,
अब नियति कहें या फिर इत्तफाक,
दिल और दिमाग की एक मोड़ पर मुलाकात हो गई,
मिलना था दोनों को मिल गए,
दोनों की राहें फिर एक हो गई,
दिल अपनी ही रवानी में वह चला था,
दिमाग को गुणा भाग के संचालन से फुर्सत ही कहां थी,
दोनों धीरे-धीरे करीब हो साथ-साथ चलने लगे,
दिल अब भी अपनी ही कशिश में खोया था,
जोड़-तोड़ की कर क्रीड़ा,
दिमाग दिल को अपने सांचे में ढ़ालने लगा,
नासमझ दिल बेचारा निभाने के अनुराग में बहने लगा,
दिमाग ने अपने मिजाज से बड़ी ही नर्मियत से,
दिल को तरोड़ मरोड़ अपने प्रभाव में चलाने लगा,
दिल को कहां इन पेचीदा गणित का बोध था,
दिमाग के पिंजर में कैद हो गया,
यूं दिल को हसरतों में उलझा,

दिमाग कोई और ही नयी गुणा भाग की कहानी बुनने लगा,
दिमाग की इस बेरुखी को दिल समझ ही न पाया,
दिल हर धड़कन में दिमाग को तलाशता रहा,
दिमाग ने अपनी सहुलियत से,
कभी करीबियत और कभी फासले के फैसले लिए,
दिल ने कोशिश बहुत की,
पर क्या करता,
पिंजर के पंछी सा उड़ना भूल गया,
दिल बेचारा दिमाग के साथ का इंतजार करने लगा,
पर दिमाग आगे बढ़ चुका था,
उसे कहां परवाह थी,
फिर एक दिन,
दिल की निद्रा टूटी,
उसे अपना ख्याल आया,
पूरी तरह टूटने पर भी,
दिल ने भी फैसला लिया,
अपने को फिर जोड़ा उसने,
नयी प्राण शक्ति का संचार हुआ,
पंछी में नयी जान आ गयी,
दिल ने अपने दिल की सुनते हुए,
अपने लिए, सिर्फ अपने लिए,
नभ गगन में,
एक नई उड़ान भरी
एक नई उड़ान भरी...

12. झल्ली

मेरी जिंदगी की कश्मकश भी अजीब है,
नासमझ थी मैं,
जमाने में तस्वीर अब भी वही है,
पर तासीर बदल गई,
बड़े श्रम से समझदारों की बिरादरी के काबिल बनाया स्वयं को,
समझदार लगने लगी,
और स्वयं को समझदार समझने लगी,
समझदारों की भीड़ में घिरी रहने लगी,
पर क्या से क्या हो गया,
मनमौजी खिलखिलाती हंसती रहती थी,
मुस्कुराती तो हूं,
पर बेपरवाही से खिलखिलाना भूलने लगी,
मुस्कुराने से पहले भी कुछ देर ठहरने लगी,
खामोशी का यह आलम हो गया,
बात पर बेबाक बात कहना भूलने लगी मैं,
बेखौफ सपना देखा करती थी,
ख्वाबों के नाम से ही खौफ सा होने लगा मुझे,
हर रिश्ता पवित्र पावन अपना सा लगता था,
हर रिश्ते में करीबियत से भय लगने लगा मुझे,
कोशिश तो बहुत की कि समझदार बन जाऊं,

पर क्या करूं,
कब तक इस भ्रम को पालती की समझदारी सीख ली है मैंने,
अपनी ही धुन में रहती थी,
बेगानी अनजानी सी लगने लगी स्वयं को,
बिखरने लगी मैं,
फिर स्वयं को संभाला मैंने,
स्वतंत्र अल्हड़ सी हूं मैं,
जैसे नदी की बहती धार,
मुखौटा चढ़ा क्यों कुछ और बनना है मुझे,
अपनी पहचान को क्यूं खोना है मुझे,
यही तो पहचान है मेरी,
नासमझ झल्ली ही अच्छी हूं मैं,
बेफिक्री में अवि अभीत,
इस पल में जीना है मुझेनिश्चिंत खुलकर व्यक्त करना है मुझे,
उम्मीदों उमंगों वाली जिंदगी हो मेरी,
प्यार धवल झरने से बहता रहे,
सब अपने से लगे मुझे,
ऐसी भी क्या समझदारी कि खुलकर जीना ही भूल जाऊं,
जबकि सच तो यह है,
दिल से मैं अल्हड़ झल्ली थी,
और अब झल्ली सा ही रहना है मुझे
और अब झल्ली सा ही रहना है मुझे!

13. क्रोध

क्रोध जब आता है विवेक खो जाता है,
यह बीज जिस गर्भ में पनपता है,
उस माट्टी में दरख्त बन लहराता है,
जो अहंकार, मोह, लोभ, ईर्ष्या का सिंचन जब पता है,
यह रोग बन फैलता है,
जिससे अपने साथ-साथ औरों का सुख चैन भी हर लेता है,
क्रोध जब आता है विवेक खो जाता है,
क्रोध वो विष है,
जो कुछ यूं घुलता है,
तू तू मैं मैं करता,
वर्षों पुराने नाते रिश्ते बहा ले जाता है,
क्रोध जब आता है विवेक खो जाता है,
अज्ञानता हृदय में और मुख मंडल का रूप बदल जाता है,
नसें कुछ यूं तनती,
आंखों में खून उतर आता है,
सोच समझ सब छिन जाती है,
मान, सम्मान, लज्जा, प्यार का बोध सब खो जाता है,
क्रोध जब आता है विवेक खो जाता है,
क्या आप चाहते हैं इससे पार पाना,
इस को सुलझाना,

प्रतिक्रियाओं से ऊपर उठ जाना,
पाने समाधान की दीप शिखा,
ध्यान को नित्य जीवन में अपनाना,
यह वह मौलिक सृजन है,
जीवन दर्शन से जो करवाता अवगत है,
जिससे चलता आवेग आवेश के कारण निवारण का रथ है,
बैठ इस पर चलकर करें आत्म मंथन,
पाएंगे सुखी स्वस्थ समृद्ध सफल जीवन का अनुचिंतन
पाएंगे सुखी स्वस्थ समृद्ध सफल जीवन का अनुचिंतन!

14. मैं और मेरी लेखनी

मेरी और मेरी लेखनी की रूहानी सी यह दास्तां है,
मैं नादान समझ ही नहीं पाती हूं,
कुछ भावों का मानस में आरोहण सा होता है,
मेरे मन के तारों को छेड़ जाता है,
अंतस में झंकार सी उठती है,
सितार सा बजने लगता है,
समय और सीमाएं कहां मुझे बांध पाती है,
फिर वक्त चाहे भोर, सांझ या फिर हो निशा,
हो कोलाहल या फिर खामोशी का आलम,
कहां मैं अपने को प्रतिबंधित रख पाती हूं,
अक्षरों के पाश में खींची चली जाती हूं,
शब्दों का ज्वार सा उठता है,
और स्वत ही बहने लगता है,
उकेर देती हूं मैं अपने मनोभावों को पन्नों पर,
यूं कवित्त का आविर्भाव हो जाता है,
यूं कवित्त का आविर्भाव हो जाता है...

15. समर्पिता

पराये रंग रूह पर कुछ यूं तासीर हो गए,
मन सायों के स्पर्श से तिरोहित,
संस्कार कुछ धूमिल से हो गए,
आकर्षणों के करीब हुई यूं,
मानो उसी में विलीन हो गई,
कुछ पलों को भूलभुलैया में गाफिल,
अचेत हो गई,
जीवन ने नया मोड़ लिया है,
अंतरात्मा को झकझोर दिया है,
जागृति का द्वार खोल दिया है,
शक्ति अपरिमित हूं मैं,
मैं ही अपनी अनंत ऊर्जा हूं,
दीप्ति हूं मैं अपनी ही,
दिव्य असीम का अंश हूं,
यह आभास हुआ है,
ठहरना मेरा आधार नहीं,
इस पल में प्यार से बहना मेरा संस्कार है,
कर अपने अंतर की रश्मियों से स्वयं को ज्योतिर्मय,
चल पड़ी हूं नयी राह यही,
और यूं मैं स्वयं ही स्वयं को समर्पित हो गई

16. मिलन

सागर किनारे कल रात मेरी कुछ यूं गुजरी,
एक में थी और एक तुम थे,
दुल्हन सी पूर्णिमा की धवल चांदनी, सजी थी,
नभ में सितारों की थी महफिल सजी,
खामोशी का आलम था,
निशब्दता की सरगोशी में,
लहरों की मधुर गुंजन गा रही थी रागिनी,
ऐसे में,
नजरों का नजरों से हुआ मिलन,
आत्मा से आत्मा बंधी थी एक तार,
ना तुमने कुछ कहा,
ना मैंने कुछ,
इन लम्हों में तो सिर्फ एहसास थे,
मुझ में तुम थे,
तुम में मैं थी,
कुछ यूं समाये,
कौन तुम और कौन मैं,
इसका भी भान न था,
आत्मा से आत्मा का था यह मिलन,
तुम्हारी सहगोशी में,

भोर की पहली रश्मि में,
सत्य से मैं रूबरू हो पाई है,
हे ईश तुम ही तो मैं हूं,
और मैं ही तो तुम हो ईश्वर,
तुम मुझ में विलीन थे,
मैं तुम में विलीन थी,
नयन मेरे खुल गए,
सपनों से जाग गई मैं,
अब इंतजार है यही,
मेरा यह ख्वाब बस सच हो जाए,
मेरा यह ख्वाब बस सच हो जाए

17. नन्हे मुन्ने की ख्वाहिश

दादा जी का लाडला,
दादी मां की आंखों का तारा,
मम्मी पापा के घर का उजियारा,
बुआ फूफा जी पर है हक जो जताता,
भाई बहन का प्यारा,
मिलने जब गई थी मैं उससे,
कान्हा ने अपनी नजरों से सब कह डाला,
अब मैं बताती हूं क्या कहता,
मम्मी पापा से अपना ल्लला प्यारा,
दादाजी का साथी बनूंगा,
दादी मां के पांव दबाऊंगा,
बुआ जब बुलाएगी,
दौड़ा चला जाऊंगा,
खाना सबके साथ खाऊंगा,
पर्व उत्सव सारे अपनों के संग मनाऊंगा,
मम्मी पापा का राजा बेटा बन के दिखलाऊंगा,
पर मेरी भी एक विनती सुन लो,
कुछ ख्वाहिशें मेरी भी पूरी करना,
मम्मी पापा समय देना मुझको,
भागती सी अपनी दुनिया में ना खो जाना,

छोटी सी अंगुली पकड़ मेरी,
चलना मुझको सीखलाना,
किस्से कहानियां सुनाना,
जीवन के हर पहलू को,
अपने अनुभव से बतलाना,
कभी शरारतें करूं भी तो,
मेरे साथ हंसना हंसाना,
अनुशासन भी मुझको सिखलाना,
धर्म को सही अर्थों में समझाना,
नये सपने सजाने का,
अपनी पहचान बनाने का,
कैसे अपना हौसला बुलंद रख पाऊं,
यह भी बतलाना,
गांव की गलियों की मिट्टी से,
परिचय मेरा करवाना,
पुरखों की गौरव गाथा से,
अवगत मुझको करवाना,
मेरी नींव को मजबूत बनाना,
गर्व कर सको,
ऐसा सुत बन के दिखलाऊंगा,
बस उड़ने को पंख नये विचारों के आप मुझे दे देना,
बस उड़ने को पंख नये विचारों के आप मुझे दे देना

18. अर्थ

व्यर्थ देते हैं हम व्यर्थ की बातों को इतना अर्थ है,
जिनका जीवन में कोई अर्थ नहीं,
कहा किसी ने कुछ,
दे उसे अपना अर्थ,
बस यह मान लिया,
उसके अर्थ में हम व्यर्थ हैं,
पकड़ लिया स्वयं को,
उसी में जकड़ लिया,
फिर क्या हम आगे बढ़ पाएंगे,
क्योंकि या तो हम गम में डूब जाएंगे,
या अपनी ही क्रोध की अग्नि में भस्म होते जाएंगे,
क्या इन व्यर्थ की बातों का इतना अर्थ है,
कि स्वयं की जीवन को हम मान लें कि वो व्यर्थ है,
क्यों न छोड़ इन व्यर्थ की बातों को,
अपने जीवन को दें नया अर्थ हम,
अर्थ अपने जीवन का ढूंढ लें,
समझ जीवन का अर्थ तब हम पायेंगे,
की कुछ पल का अर्थ ही हैं हम,
फिर क्यों ना दें एक नया अर्थ अपने जीवन को,

इस धरा पर फिर अपने होने के अर्थ को
सदा के लिए अर्थ दे जाएंगे!

19. सखी

चल सखी चल,
दूर अंबर में आज़ाद पंछी सी भरें उड़ान,
अपने अरमानों को फिर जी लें हम,
चल सखी चल,
एक दिन तो चल,
ना रिश्तों का बंधन हो,
ना बेड़ियां हो फर्ज की,
कुछ पल को तो चल,
फिर जी लें उन पलों को,
जब थे उन्मुख पंछी हम,
कल कल झारनों सी बहती थी,
चंचल हिरनी सी चलती थीं,
थी मां-बाप के बगिया की कलियां हम,
कस्तूरी सी महकती,
थी दिल का टुकड़ा,
थी सिर्फ बेटियां हम,
मनमौजी हवा संग बहती थी,
खुले नभ में सपनों की ऊंची उड़ान थी,
सांझ पड़े अल्हड़ अंगड़ाई थी,
मस्ती में अपनी, ही मस्त थी,

नाचती गाती थी,
यथार्थ से दूर,
ख्वाबों की नगरी में,
रंगीन सपने बुनती थी,
सफलता के शिखरों को छूने के अरमान थे,
हर पल जी भर जीती थी,
चल सखी चल,
अपनी अरमानों को फिर एक दिन जी लें हम,
फिर एक दिन मन की कर लें हम,
सखियों क्योंकि तुम ही तो हो,
जिनसे होता यूं कुछ रिश्ता खास है,
सुन तेरी हंसी मन के तार झनझना जाते हैं,
तेरी आहट से मानो पांव थिरकने लगते हैं,
राहतें हजारों मिलती है,
दिल में सुकूनियत आ जाती है,
भूल हर दुख को जीने की आस जग जाती है,
कुछ पल को भूल जाते हैं यह दुनिया भारी,
वो काम की आपाधापी,
वो रिश्तों की जिम्मेदारी,
सुकून कुछ यूं आ जाएगा,
हंसी ठिठोली में हम कुछ यूं खो जाएंगी,
वह बचपन वाला एतबार फिर लौट आएगा,
वह बेफिक्री की रंगत लौट आएगी,
आ जाएगी फिर ताज़गी नयी,
हम फिर मिलने का कर वादा,
कभी इत्तेफाक से यूं ही,
हंस कर हम उठ जाएंगी,

इस ताजगी को लिए अपने संग,
अपनी जगत को लौट जाएंगी,
चल सखी चल,
एक दिन को फिर जी लें हम,
चल सखी चल,
अपनी अरमानों को
फिर एक दिन को जी लें हम।

20. गाँव की मिट्टी

शहर की दौड़ती भागती जिंदगी में,
जो अपने को भूल गए हो,
यादों में खोए ख्वाबों,
चंद उम्मीदों की खुरचनों को टटोलो,
अपनी यादों की पुस्तक के वे पन्ने खोलो,
जो आज भी आपको गुदगुदाते हैं,
वो उगते भानु की लालिमा,
वो चमकती ओस की बूंदें,
वो मंदिर की घंटी,
वो सियाराम राधेकृष्ण का नाम,
दूर से आती अजान,
वो आंगन की चौकी,
वो सौंधी सी मिट्टी की खुशबू,
वो चूल्हे की रोटी,
वो लहलाते खेत,
वो पेड़ की बेर,
वो सावन के झूले,
वो बरगद की छांव,
कुएं का पानी,
वो पत्ते पर कुल्फी,

वो सुरों की तान,
वो गिल्ली डंडा,
वो कंचे की खनक,
वो गर्म गर्म सिट्टे,
वो सर्दी का अलाव,
वो हांडी का मीठा पानी,
माँ की लोरी,
वो चांद की चांदनी,
वो छत पर खटिया पर चैन से सोना,
रात उतार चांदनी ,
ज्यूं पहने धूप की धोती ,
इन यादों से फिर मन को उजासो,
खोल अपनी बाहें
प्यार से भर इन्हें,
हर पल एक नया समा निगाह में बसा लो,
यूं फिर भावों को अर्थ मिलेगा,
जीवन को नया भावार्थ मिलेगा,
जीने को जिंदगी में फिर एक नया आयाम मिल जाएगा,
जीना सार्थक लगने लग जाएगा।

21. क्षमा

पहले से कब किसने जाना है,
कि कब किसको जाना है,
महाभूत पंचतत्व से बना तू,
उसी में मिल जाना है,
बन्द मुठ्ठी आया था तू,
खाली हाथ जाना है,
कर्मों की गठरी ही साथ जानी है,
याद रख यह बात पुरानी,
सुनी थी जो संतों की जुबानी,
रहो भीतर जीयो बाहर,
हो जागरूक कर लो अपनी तैयारी,
संकल्प यही बना लो अपने जीवन का,
हर पल संयम से जीते जाना है,
ममत्व का कर विसर्जन,
निर्विकार निर्पेक्ष अनासक्त हो,
खोल सारे बन्धन,
न रख कोई मलाल मन में,
सबसे क्षमा लेकर जाना है,
सबको क्षमा कर के जाना है,
यूं पूर्ण आनन्द में संपूर्णता लिए एक दिन प्राण प्रखेरू उड़ जाने है।

www.ingramcontent.com/pod-product-compliance
Lightning Source LLC
Chambersburg PA
CBHW070650240926
51846CB00003BA/850
* 9 7 8 9 3 7 5 1 0 3 3 7 0 *